1 MONTH OF
FREE
READING

at

www.ForgottenBooks.com

By purchasing this book you are eligible for one month membership to ForgottenBooks.com, giving you unlimited access to our entire collection of over 1,000,000 titles via our web site and mobile apps.

To claim your free month visit:

www.forgottenbooks.com/free501529

ISBN 978-0-331-63990-2
PIBN 10501529

This book is a reproduction of an important historical work. Forgotten Books uses state-of-the-art technology to digitally reconstruct the work, preserving the original format whilst repairing imperfections present in the aged copy. In rare cases, an imperfection in the original, such as a blemish or missing page, may be replicated in our edition. We do, however, repair the vast majority of imperfections successfully; any imperfections that remain are intentionally left to preserve the state of such historical works.

EMBLEMI
POLITICI
Del Signor Caualier
GVIDO CASONI.
All' Illustriss. Sig. il Sig.
GIO: FRANCESCO LOREDANO
Nobile di Venetia.

IN VENETIA, MDCXXXII.

Presso Paolo Baglioni.
Con licenza de' Superiori, e Priuilegi.

Del Signor Cavalier

VIDO CASONI

Nobile di Venetia.

ILLVSTRIS SIG.^{MO}^{OR}

Sig. mio, e Padron

COLENDISSIMO.

GRAN paragone di virtù, e
gran somiglianza di merito mi
si fà in contro nello stampare i
grauissimi, e dilicatissimi Em-
blemi del Sig. Caualier Gui-
do Casoni, e nel dedicare gli
stessi a V. S. Illustrissima. Che se quegli, per l'e-
minenza della dottrina, per la diuinità de gl'in-
flussi Poetici, e per la maestà dello stile, nelle
sessioni de' letterati hà di commúne consenti-
mento quel seggio, da cui s'argomenta più ho-
nore, in chi l'haue : ella per la sublimità dello
ingegno, per la facondia della lingua, e per lo
credito della sua penna, và più riuerita trà quel-
li, che di maggior riuerenza son degni. Che se.

a 2　　a quello,

a quello, per gl'illustri ritrouamenti, e per le misteriose operazioni dello intelletto, tutte le Accademie d'Italia sottoscriuono eterno debito co' fauori, e professano infinita gratitudine cō gli Encomij; à lei, come ad institutore d'vn Accademia nobilissima nella propria sua casa, ricorrono sì da questo Serenissimo Stato, come da altre Città, e Prouincie i più insigni professori delle scienze, e i più chiari cultori d'Apollo, e per celebrarla del fatto, e per ringratiarla del frutto. Che se vn gran personaggio Francese, e non manco grand'osseruatore delle Muse Toscane prima, ch'e' vedesse gli eruditissimi, e leggiadrissimi componimenti di quello, disse, che in Italia non v'erano Poeti di fina tempra, e di vena gentile; e dopò letti, ed ammiratigli per singolari, replicò con viuo, e leale attestato, che d'vnico, e perfetto Poeta il titolo gli era meritamente douuto: si dice à gran ragione di V. S. Illustrissima, che non trouandosi, chi colla speculazion' della mente, colla viuacità de gli spiriti, e colla elezion de' soggetti bastasse ad imitar le inuenzioni, e le spiegature di alcuni moderni, che posti in grado sourano, e portati da grido sopremo, risuonano sù le sponde dello

lezze de' suoi SCHERZI GENIALI; hà

imita-

imitato con fenno, hà pareggiato con gloria, e colpito con felicità. Che se quegli co' detti nelle Accademie, co gl' inchioftri nel mondo, e colle azioni douunque e' fi troua, è liberaliffimo benefattore de' virtuofi, e de' buoni: ella è tale non manco col ricettare le perfone, che portano i caratteri delle difcipline, coll' oro à chi non arroffa di aprirle le proprie bifogna, e colle fatiche di erudizione, e diletto al publico difiderio, e talento. Che fe finalmente il Signor Caualier viue nella ftima de gli ftudiofi nella offeruanza delle nazioni, e nella grazia de' Principi, per non morire giamai nella vita delle fue carte, nella fama del fuo valore, e nella deificazion del fuo nome: V. S. Illuftriffima morta alle difolutezze di quefto fecolo, alla baffezza de' fentimenti comuni, ed alla meta de gli ordinarij afcendenti, viuerà colla durazione del mondo nello fplendor de' fuoi pregi, nelle acclamazioni de' faggi, e nella perpetuità de' fuo' lodati inftituti. Chi non s' appaga di quefto poco per intiera giuftificazione del molto, anzi dello infinito, che vi farebbe d' aggiugnere, non sà argomentare la potenza dall' atto, il Sole dal raggio, e dal calore la fiamma. Le immenfità non fi riftringono à fegni, che per finzioni. Le materie, ch' eccedono l' ordinario

del

E M-

EMBLEMA I.

Dalle nuoue introduttioni di false Religioni
nascono tumulti, congiure, guerre
intestine, e molte volte la
ruuina de' Regni.

N Sole è in Cielo, e vn diuin culto è
in terra;
L' vno dà il lume al Mondo, e l' altro
à l' alme:
L' huom senza l' vno, ottenebrato viue,

A   E sen-

E senza l' altro ei tenebroso muore.
Ne' bei campi celesti vnico è il Sole,
Lucido, vero, e inuariabil sempre.
E la Religion deue esser vna,
Costante, vera, luminosa, e sola,
Come nata dal Sol, ch' alluma il Sole;
Onde com' è vn sol Dio, ch'in se medesmo
Solo ha se stesso, & è vn principio eterno
Indiuiso in essenza, e sol diuiso
Da ogn' altra cosa, vnica l' alma, & vna
La vera Gloria, e'l Paradiso vn solo.
Tal la Religion, vnica deue
Esser nel Regno, e sempre intatta, è pura.
Questa è la Sacra, e riuerita Cerua,
Ch' in bel monile, intorno al collo, ha scritto,
Non mi toccar, perche di Cristo io sono:
Questa non è quel finto ramo d'oro,
Co'l qual d' Anchise il celebrato Figlio
Giunse a gli Elisij fauolosi Campi,
Ma vn' aurea palma, che ci guida al Cielo.
Questa è l' Arca di Dio, cui man profana
Mai non lice appressar. Questa è di Cristo
L' indiuisibil veste; E questa è il Cielo
Non di pianeta errante, ma che solo
Hà da la verità moto, e splendore,
Nè dal suo moto variar mai puote;

Que-

Questa è la Scala angelica, che vide
Nel diuin sogno il fortunato Ebreo;
Ed è quell' acqua spirital, promessa
Già da Cristo in Samaria a la pentita,
E bella peccatrice, a lui conuersa.
Principe saggio, e pio, ch' in alto seggio,
Cinto di gloria, riuerito sei,
Come imago di Dio, come assistente
A la pace, & al ben de' tuoi fedeli:
Deh nel pietosa sen de l'alma tua,
Con le braccia d'amor, diuoto accogli
Questo puro candor, questo diuino
Culto, questa pietà verso il tuo Dio;
Questo altissimo dono, e questa legge,
Scritta per man del sempiterno Amore.
Ella sia del tuo spirto amata sposa,
E de la mente tua mastra, e custode;
Tu lei proteggi, e quasi Nume honora
Con gli atti esterni, e più co'l core, ond' altri
Segua il tuo esempio, e tue bell' orme impresse
Nel celeste sentier, da lei segnato.
E non patir giamai, che nel tuo Impero
Questa cara di Dio ministra sia
Da sacrilega man battuta; ond' ella
Mostri lacero il petto, e sorgan poi
In sembianza di lei mostri d'Auerno,

Che d'infernàl luıor' tinti, & infetti;
Con l' empie faci in Flegetonte accese,
E con la morte spiritale à lato,
Emuli, contra lei mouendo l' armi,
Destin nel Regno tuo moti, tumulti,
Animi ribellanti, interne guerre,
Funesti incendi, sì che'l sangue, e'l pianto
Corran misti trà l' arme, in terra sparse,
Frà la strage de' morti, e le rouine,
De le Città languenti, arse, e distrutte.
Vna Religion sia riuerita
    Ne' Stati tuoi, vera, diuina, e sola,
    Da la Sposa di Cristo à noi mostrata.
    Così i popoli tuoi viuranno in pace,
    E tù in pace, e tranquillo haurai l' Impero.

EMBLEMA II.

La prudenza del Principe è sicura scorta,
per guidare i suoi popoli alla
felicità ciuile.

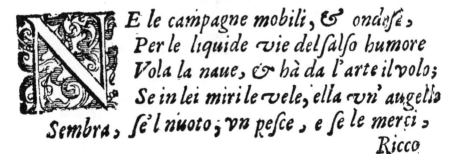

E le campagne mobili, & ondose,
Per le liquide vie del salso humore
Vola la naue, & hà da l'arte il volo;
Se in lei miri le vele, ella vn' augello
Sembra, se'l nuoto, vn pesce, e se le merci,
Ricco

Ricco fondaco immenſo; ma s'oſſerui
Il Duce, i ſerui, le militie, l'armi,
E l'arti, e i riti, ell' hà ſembianza illuſtre
D'vna Città portatile; e ſe vedi
Gli arbori in lei piantati, ella ſomiglia
Vna picciola Selua. O'nobil moſtro
De l'arte, e che non fà l'ingegno humano?
Poi che fà l'huomo habitator del mare,
E fà, ch'vn legno immobile ſi moua
Diritto al ſuo camin per vn ſentiero
D'imaginata linea, e per ſua guida
Li dà le ſtelle, e per miniſtro il vento,
E fà, che'l mare inhoſpite, e inſedele,
Minaccioſo, lo porti al ſuo viaggio.
Onde per noui mari egli diſcopre
Nouo Ciel, noue ſtelle, e noui mondi.
Et accommuna i beni, mentre porta
A l'occidente ciò, che l'odorato
Oriente produce, e a i lidi Eoi
Ciò, che là ſotto i gelidi Trioni
Fabrica l'arte. Ma ſi eccelſa mole
Saria ſcherno de' venti, è inutil preda
De l'onde auare, ò fragil vetro a i ſcogli,
Se da ſaggio Nocchier retta non foſſe.
Gran naue è il Regno, e del celeſte Fabro
Opra diuina, e vaſto mare è il mondo,

Com-

Commoſſo ogn' hor da impetuoſi venti
De gli humani intereſſi, & agitato
Trà gli ſcogli de' vitij, oue gettate
Neglette, e morte ſon le leggi al lido,
In cui dai turbi ambitioſi, e vani
Dal furor de gli ſdegni, e da procelle
De le vendette, e da tempeſte fiere
De' mondani accidenti, al fin ſommerſa
Queſta ſublime machina del Regno
Sfortunata periſce, quando ſiede
Al ſuo gouerno incauto Re, che quaſi
Imperito Nocchiero vrta ne' ſcogli
De' ciechi ſuoi diſordinati affetti.
Ma ſe Principe ſaggio in queſto cupo,
E periglioſo pelago del mondo
Queſta gran naue de l' Imperio regge,
Ella con certo, e fortunato corſo
Al porto d' ogni ben, felice, arriua.
Non fanno il Re, non danno altrui l' Impero
Le corone ingemmate, e i ſcettri d' oro
Non gli aurei manti, & i dorati ſeggi;
Perchè là ne' teatri anco vi ſono
Queſte inſegne Reali, e pur de' Regi
Altro non fan, che ſimulacri, e larue.
Ma quegli è vero Re, ch' amando regge,
A tutti giuſto, come il Sole à tutti

Nel

Nel gran cerchio del Ciel rinasce, e splende,
Nel cui volere hà la Ragione il Regno,
E con l' ali del fasto ei non soruola
Al suo stato; ma sà, ch' egli mortale
Hà d' huomini mortali vn breue Impero,
E che sopra di lui l' Imperio hà Dio.
Alma Reale è quella, in cui fiammeggia
Il Sol de la virtù; quella è seruile,
Che dominando altrui del vitio è serua.
Quegli è imàgo di Dio vera, e animata,
Che per reggere altrui con giusto zelo,
Hà nè le man di Dio posto il suo core,
Che raffrena gli affetti, e signoreggia
Più se stesso, che gli altri, e se castiga,
Non odia, e se perdona, il suo perdona
Hà per fine l' ammènda, a cui penosa
E' la memoria de le pene altrui,
E la saluezza d' altri è sua salute.
La cui clemenza riuerita, e quasi
Tacita Deità nel suo cor viue;
Ond' amato dai popoli, e seruito,
Non solo in se, ma ne' lor petti hà vita.
Così il gran Ciro hebbe i natali suoi
Humili, e poi da la clemenza alzato
Ei fù de l' Asia al glorioso Impero.
Vera corona hà il Re, s' egli cortese

La virtù de' suoi fidi, e'l merto honora;
Così ei regna ne l' alme, e de' suoi pregi
Fà vn' illustre spettacolo a la Fama,
Che celebra i suoi merti, e al suo gran nome
Fà seruo il tempo, ammiratore il mondo,
E d' immortalità fabra la gloria.
Ei quasi mente non errante il Regno
Modera, e insegna, come la prudenza
Sia de la vita humana vn' atto illustre,
Che può l' huomo ciuil render felice.
E s' egli valoroso, e ne' perigli
Costante alza l' insegne, e moue l' armi,
Vuol, che de l' armi, e de l' imprese sia
La giustitia cagion, la pace il fine.
Perch' egli sà, che 'l Principe, che stende
Il confin de la lode, e de l' honore,
E' più degno di quel, che con inguste
Arme, i termini al Regno amplia, e dilata:
E' d' huomini priuati humil consiglio
L' accumular ricchezze; al Re conuiene
Di nobil fama l' honorato acquisto.
E così gode il suo felice Regno,
Quasi in porto sicuro, a gli agi in seno,
Da i sudori del Re l' otio tranquillo,
E da i trauagli suoi pace, e riposo.

B EM-

EMBLEMA III.

Gli Stati ben ordinati, costanti in ogni auue-
nimento di fortuna, conseruàno se
stessi, e la loro dignità.

TÀ sempre immota, sopra immobil base
    Statua, a'i spiranti turbi, a le tempeste,
A i lampi, a i tuoni, àl minacciar del Cielo:
Non si scuòte l'Imperio, e non si moue

       B   2   Ai

A i fiati auuersi di fortuna, quando
Fermato è sopra vn immutabil base
Di verace costanza. Così Roma,
Mentre l'Italia trà gl'incendi, e 'l sangue
Sospira, vede le sue insegne a terra
Più volte sparse, calpestate l'armi,
Vinti i suoi Duci, i suoi soldati estinti,
E la gloria, è l'Imperio hormai cadente.
E pur resiste, e pur costante aspira
A la vittoria, e inuitta vince, e strugge
L'emula sua Cartagine, che danna
Le sue vittorie, al fin conuerse in pianto.
La Costanza è virtù chiara, e sublime,
Ch'ama la gloria, e dè suoi rai s'adorna,
Ma in atto, che non chiede, e non disprezza.
Ella è vn fregio de gli animi, vn riposo
De le menti agitate; industre fabra
D'alte fortune, inalterabil sempre
In ogni stato; poiche non dispera
Negl'infortuni, e non solleua il volo
Ne' lieti auuenimenti; ma contenta
Fà, che la doglia, squalida, e negletta
Stia tacita à suoi piedi, e che 'l piacere
Tempri le sue dolcezze: e fà, che l'huomo
Saggio contenga in se celato il duolo,
E nascoso il piacer sì, ch'il suo petto

Tomba

Tomba è de l'allegrezza, urna del pianto;
Ma ne l'aspetto placido, rassembra
Vn mar tranquillo, e un Ciel sereno, e chiaro.
Così stabile, e saldo egli non teme
De la vita i romori, ò de la morte
Il silentio; e non muta i suoi consigli
Per tema di fatiche, ò per lusinghe
D'otio mal nato, e quasi vn viuo scoglio
Resiste a i venti impetuosi, e à l'onde
De gli humani successi; onde il concorso
De' sinistri accidenti egli non cura.
E di fortuna i più felici casi
Ei non apprezza, e mai torbida brama
Di vendetta il conturba, e non l'afflige
Freddo liuor per l'altrui ben, perch'egli
Non dà mai loco à velenosi affetti
Nel suo tranquillo, e generoso core.
E per non variar dal buon consiglio
De la sua mente, hauria l'animo immoto
Trà l'armi, trà le morti, trà i furori
De i tirannici insulti, e fra i commossi
Moti de' sdegni popolari, & anco
Trà le procelle del'ondoso mare,
E sotto irato, e fulminante Cielo;
E se 'l mondo cadesse, al fin sepolto
Trà le proprie ruine, egli costante

Trà le ruine del caduto mondo,
Con intrepido petto hauria la tomba.
Principe, tù, ch'immortal vita brami
A la tua gloria, e conseruar lo stato,
Nè casi più contrarl, e perigliosi,
Afforza l'alma, e inuigorisci il core;
E nè felici, e fortunati euenti
Con moderato fren reggi gli affetti;
Così de la fortuna, e di te stesso
Trionfo illustre, e nobil palma haurai.

E·MBLEMA IV.

Gli Stati si conseruano più co' consigli
sicuri, che con gli
audaci.

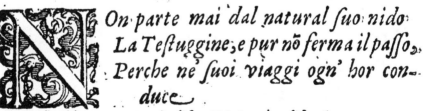 On parte mai dal natural suo nido
La Testuggine, e pur nõ ferma il passo,
Perche nè suoi viaggi ogn' hor con-
  duce
Seco l'albergo, & è l'hospitio, e l'hoste:

     B 4. Ella.

Ella ne l'immutabil suo ricetto
Gode vna stanza mobile, che sempre
Al suo moto si moue, e al suo riposo
Si posa. Questa frettoloso il passo
Non drizza; ma con prouido consiglio
Moue il piè tardo, e ben sicuro, e visto
Il periglio, s'arresta, e si ritira
In sua magion portatile, ch'a lei
E' rifugio viuendo, e in morte è tomba.
Non la pompa Real sostien l'Impero;
Ma lo conserua, e a vera gloria inuia
Il consiglio fedel, graue, e sicuro
D'vna candida mente amica, e saggia,
Per lung'vso versata in alti affari.
Ma l'ardito consiglio in fretta nato
Da l'impeto de l'ira, ò da leggiera
Confidenza, ò risorto da interessi
Priuati, cade, e rouinoso tira
Nel precipitio suo l'altrui fortuna.
La prudentia, ch'è l'occhio de la mente
Vede ne la caligine profonda
De l'incertezza de gli humani euenti
Ciò, che seguir, ciò che fuggir si deue,
Forma il concetto, e partorisce poi
Il prudente consiglio, a cui nutrice
E' la ragione, e suo maestro il tempo;

On-

Ond' ei quaſi aura placida, e ſoaue
Scaccia le nubi de' contrari affetti,
L' animo raſſerena, e luminoſa
Rende la mente, fù tranquillo il core,
Molce gli sdegni, e raddolciſce i mali,
E con opra ſtupenda opra ſouente,
Che 'l mal ſi cangi in bene, e la turbata
Fortuna àltrui moſtri ridente il volto.
Ei de gl' Imperi è quaſi anima grande,
Ond' eſſi han forma, e vita, e di lui priui
Cadono al fin da la lor mole oppreſſi,
Egli conſerua i Regni, e li difende,
E ſenza lui teſori, arme, e fortezze
Sono diſeſe deboli, e languenti.
Ei ſupera la forza, e ne la guerra
Abbatte l' armi, e la vittoria ſteſſa
Vince di gloria, mentre al vincitore
A ben uſare la vittoria inſegna.
Il buon conſiglio è vn fortunato dono,
Che dato non ſi perde, e riceuuto
Prende vigor. Così non manca il foco,
Ancor ch' in lui ſian mille lumi acceſi,
Così la luce, ch' è dal Sol diffuſa
Communicata altrui, giamai non ſcema.

EM.

EMBLEMA V.

L' otio della Città inquietà molte volte
la pace del Principe.

FVggi Archilóco, fuggi i giusti sde-
gni
De la tua patria, e de l'offesa
Sparta,
Non aspettar l'offese; affretta il passo,
E sian le selue il tuo romito albergo
Sian gli antri pumicosi il tuo Parnaso;
E gli

E gli stagni più torbidi, e più infetti
Sian' d' Aganippe il tuo lugùbre fonte;
Odano solo il tuo funesto canto
L' ombre caliginose, e i ciechi horrori;
La tua Lira incoroni, orni il tuo crine
Con mesta pompa il funeral Cipresso:
Poich' infelice con infausti carmi
Ne la Città, che le fatiche honora,
E sol pregia il valor, tù celebrasti
L' otiosa viltade, empio spargendo
Vna peste mortal nel sen de l'alme.
Sai pur, che l'otio è vn nido, in cui nascenti
Crescono i vitij in mostruose forme;
Ch' egli è vn sonno de l'anima, vna imago
De la morte, vn sepolcro a l'huòm viuente,
Vna fonte mortifera, che sparge
L' acque infette di tosco, e d'ogni male;
Ch' auuelenano i cori; ch' egli è il mare
Asfaltite, che morto i morti accoglie,
E le cose animate al lido spinge;
Ch' egli è vn fallace, e ingannatore auriga,
Che co i caualli indomiti del senso
L' incauta sanità guida a i piaceri,
La fortezza a l' ingiurie, le bellezze
A le lasciuie, e gli eleuati ingegni
A le frodi; vna machina, ch' abbatte

La

La gloria, & vna rete insidiosa,
Che la virtute auuiluppata prende.
Ch' egli è vn'inuolator, che'l bel tesoro
Del tempo fura, & vna pace infinta,
Ch'eccita guerra interna, vn vil riposo,
Ch' affatica la mente, anzi vna fuga
Del bene, & vna furia, che latente
Agita l' alme, e rugginosi, e impuri
Fà gl' intelletti, vn falso agricoltore,
Che negli animi sol semina, e miete
Semi, e messe del vitio. Egli corrompe
L' acqua, & infetta l' aria, è irrugginisce
Il ferro; onde ogni cosa hà in odio, e sprezza
L' Otio. Se poggi con la mente al Cielo,
Otioso non era innanzi il tempo
L' eterno Nume; ma ne' suoi riposi
Opraua eternamente entro à se stesso,
E forse ancor volgea ne l' alta mente
De l' opre esterne sue la prima idea.
Et hora, dopò il tempo, oprando, posa,
E ne' riposi suoi conserua il mondo.
Hanno perpetuo le celesti Sfere,
E inalterabil moto. Han gli elementi,
Hà l' Vniuerso tutto il mouimento
Ne le parti di mezo, e nel' estreme.
La nostra mente, ch' è vn celeste raggio

De

De là diuina luce, ogn' hor si muoue.
Ma se l' Otio arrestar potesse il moto,
E sostener sua vece, ei strugerebbe
Questa machina eccelsa, opra perfetta
De l' immobil Motor, che'l tutto muoue.
E l' huom, che nasce destinato a l' opre,
Deue l' otio abborrir, perche s' auuiene,
Ch' ei viua neghittoso, egli non viue,
Ma sol di vita hà una sembianza vana.
Son l' opre virtuose vnico fine
De gli animi gentili, alto ornamento
De la vita ciuil, son la misura
De la vita mortal: perche se l' huomo
Viue ben, viue molto; ma se in otio
Guida la uita, ancorche d' anni carco,
Giunto a l' ultima età, breue hà la uita.
Onde il dator de le seuere leggi,
Ch' al uolgo paruer già cò'l sangue scritte,
Volse in Atene, che punita fosse
Sol con la morte l' otiosa uita.
E'l nobil Regno de l' antica Menfi,
Di cui fecondo irrigatore è il Nilo.
L' otio scacciò da le Città lontano:
E i giouani di Roma, e i tuoi Spartani
Le mense laute, e l' otiose piume
Fuggiro, e sol ne' militari giochi

Reserò

Resero i corpi loro agili, e pronti
A l' opre Martiali. E i Persi, inuitti
Domatori de l' Asia, i semi illustri
Sparger solean de le virtù ciuili
Ne' giouanili petti, in cui sorgea
L' amor verso la Patria, il bel desio
Di gloria, e co'l valor, la riuerenza
De le leggi; onde in lor puro il candore
D' innocenti costumi alto splendea.
L' otio, tra gli agi, scioperato, e vile,
Scaccia dal nostro spiritale albergo
Il desio di virtute, e v' introduce
Voglie ribelle, e insidiose, e vaste
Brame; onde nasce il popolar tumulto,
Che la pace del Re conturba, e suole
Cauar nascoste, e sotterranee mine,
Che fan cader tra le ruine inuolte
Le Corone temute, e i scettri augusti.

EM-

Rifeeni corpi loro agili, e pronti
A l'opre Marziali. E i Perſi, ignudi

EMBLEMA VI.

Sono inuitte l'arme; quando la neceſſità
non laſcia altra ſperanza, che
nell'arme.

F Rà diſperati in diſperata impreſa,
Perdi incauto Manilio, alfin la vita,
Mentre i nemici tuoi, ch'entro i
ripari
Audaci entraro, hai d'ogn'intorno cinto.

C   E per-

E perch' a loro ogni speranza manchi
D' vscir dal Vallo, anco le porte hai chiuse.
Dura necessità, ch' in lor comparte
Noua virtù, li rende inuitti, e toglie
Ne' perigli il timor d' ogni periglio,
E nel morire indomiti, e feroci
Sprezzan l' horror de l' incontrata morte;
L' ardire altrui li fà più arditi, e quegli,
Ch' a lor s' oppone valoroso, e forte,
Con maggior sforzo è superato, e morto.
Così vendon la vita a i lor nemici,
Ma co 'l pretio del sangue, e de la morte.
Cadesti tù, s' aprir le porte, & essi
Se non illesi, gloriosi almeno,
E vincendo, e fuggendo indi partiro.
Bella fuga d' honor, ch' ai fuggitiui
Dona l' honor d' vna vittoria illustre.
E' la necessità forza, ch' astringe
Ad esequir ciò, che schifar non puossi,
Industre figlia, trà l' angustie nata,
Hor di natura, hor di cagioni esterne,
Genitrice de l' arti, alta maestra
Di sublimi consigli, e disciplina
Vniuersal del mondo: ella è vna cote,
In cui s' aguzza ogni più tardo ingegno,
Moderatrice de' sorgenti affetti;

Che

Che i lor moti compone, e'l senso affrena;
Stimolo a l'operar, spirto viuace
De l'humane attioni. Ou' ella impera
Tace muta la legge; e ou' ella e guida
Cessa ogni colpa, anzi il delitto è merto.
Ella è il rimedio a gli animi gentili
Ne le cure più graui, e più noiose,
E fà soaui le fatiche, e rende
Dolci i sudori, e senza horror la morte.
Ma la necessità, c' hà l'arme in mano,
Quando viene irritata, è assai più fiera
De le fere più crude; ella al valore
La furia accoppia, ed il timor conuerte
In disperata audacia, e l'armi rende
Più acute, e più mortali. Ella a l'imprese
Più difficili è scorta, e le conduce
A glorioso fine. Ella tal' hora
Ne' perigli maggior, quando ne l'arme
E' posta la speranza, e la salute,
Le vittorie prepara, e le Corone
Dispensa, e n'orna a i fuggitiui il crine.
Così de' Galli il valoroso Duce,
Giouane ardito, e fortunato vn tempo,
Colmo di gloria, funestar poi volse
L'alta vittoria sua con la sua morte.
E l'Aluiano dissipate vide

C 2   Le

Le *ſũe militie al' hor, c'hauea nel crine*
Già la fortuna, e la vittoria certa.

EMBLEMA VII.

La forma dello Stato deue essere costante,
senza variare gli antichi suoi
ordini.

S Enz'argini scorrea libero, e sciolto,
Gonfio vn torrente, e variando il
corso,
Hora l'herbette, e gli odorati fiori
Furaua a i prati, hor la sperata messe.

C 3   *Rapiua*

Rapiua a i campi, e torbido, e sonante,
Trahea seco fra l'onde, e frà le pietre
Le suelte piante, & hor guerra mouea
A l'alte torri, & a gli antichi albërghi
De' Cittadini intimoriti, e mesti.
Quand' ei mirando di lontano vn riuo,
Che dentro a sponde picciole, e fiorite
Cristallino correa co i piè d'argento,
Tumido aperse l'arenose labbra,
E dal sen fluttuante, alto rimbombo
Sparse, & a lui, quasi tuonando, disse.
Pouero rio, che scarso d'acque a pena
Da picciol vrna a goccia, a goccia stilli,
E quasi prigioner trà ripe anguste
Da l'antico tuo letto il piè non moui.
Mira, come fastoso, e riuerito,
Hor quinci hor quindi l'acque mie volanti
Mandi con nuoui corsi, e nuoui acquisti
Faccia al mio Impero, hor di spogliati campi,
E di case abbattute, hor de gli armenti,
E de gli huomini stessi; onde a te fora
Pregio immortale vnir le poche, e vili
Tue linfe al mar de l'acque mie correnti.
Cui, sorridendo il lucido ruscello,
Con dolce mormorio così rispose.
Mentre io serpendo nel mio antico letto,

Da

Da lui giamai non parto, e le mie sponde
Sono sempre l'isteffe, e queste linfe
Pouere sì, ma fortunate insieme.
Vanno al solito lor noto viaggio,
A me perpetuo è il fonte, eterno il corso,
Chiare l'acque, e soaui; a me gradite
Sono quest' ombre, & immutabil pace
Godo trà herbose, e conosciute riue.
Ma tù inconstante, che non mai contento
Del corso vsato, i passi ogn' hor volgendo
Sol per nouelle, e inusitate vie,
Spandi i tuoi monti liquefatti in onde,
Al fin mancando inaridito, e secco,
Per infausta memoria al mondo, lasci
Pietre ammassate, e solitarie arene,
De' propri mali, e de l'altrui ruine
Meste reliquie, e lagrimosi segni.
O tù, ne la cui man l'aurato freno
De' popoli soggetti hà il Ciel concesso,
Non gli affrenar con nouità di riti,
Che nati ne' tumulti de gli affetti,
O frà procelle impetuose, e fiere
Di mal cauti consigli, soglion sempre,
Quasi torrenti torbidi, e veloci
Rapir seco la pace, e la salute
Del Regno; ond' egli poi le sue ruine

E di te la memoria a lui funesta
Misero pianga . Reggi i tuoi fedeli
Con gli ordini del Regno antichi, e giusti.

EM-

EMBLEMA VIII.

Dalla clemenza del Principe nasce l'amore
de' sudditi.

IL superbo, Leon, che ne le selue
Nomade incontra il peregrino er-
rante,
Eccita l'ire, e minaccioso scuote
L'horride chiome, e 'in lui driccia lo sguardo,
Nan-

Nunzio di morte, alza le rampe, & apre
L' horribil bocca : e'l misero, che vede
Se stesso oggetto infausto, esca infelice
De' suoi sdegni famelici, e mortali,
S' abbandona, e a' suoi piè cade piangendo.
Onde la belua generosa al' hora,
Che prostrato il rimira, vuol, che ceda
L' auida brama, e'l natural talento
A la clemenza, e lo declina, e volge
In altra parte il solitario passo.
Se desta dunque la natura a fare
Clementissimi effetti vn cor ferino;
Quanto più deue la ragion dar loco
A sì nobil virtù ne' petti humani?
La clemenza è virtù, ch' in Ciel risplende,
E quasi raggio de l' eterno Sole
Quà giù riluce, e luminose rende
L' alme, e sgombra le nubi, e le procelle
De l' ira, e acqueta, e rasserena i cori,
Parto d' animo grande, opra gentile
Di generoso core, atto, ch' arreca
Eccelsa lode a la Real fortuna,
Mentre chi regge altrui se stesso regge,
E pio, co'l perdonar, quasi a se stesso
Perdona, e tanto s' auuicina al Cielo,
Che si può dir, che l' huomo a l' huom sia Dio.

Il

Il Principe clemente, in se felice,
Quasi humane delitie, e quasi vn' alto
Simulacro diuin, dà suoi deuoti
Popoli è riuerito; e così in pace
Stabilisce il suo Imperio, e dolcemente
Lo nodrisce, e conserua, e proua come,
Sia la clemenza vn difensore inuitto
De' Regni, e scudo adamantino a i Regi.
Ella è Venere pura, antica madre
De l' Amor cittadino. Ella è Minerua,
Ch' in mezo a la Città pianta l' oliuo
De la pace. Ella porge le corone
Di gloria a i vincitori, e sola aggiunge
A i trionfi trionfo, e palma a palme.
Ella è vn Cielo seren di luce adorno,
Che con l' aspetto suo vago, e tranquillo
Lusinga l' alme a vagheggiare intente
L' eterne sue bellezze; nè giamai
Per lampi ardenti, ò per fragor di tuoni
Spauentoso si mostra. Onde quel Regno,
Che procelloso, e fulminante moue
Terrore, altro non è, ch' vna lugubre
Bara, e vn sepolcro à popoli infelici.
La maestra natura insegna a l' huomo
La pietà, la clemenza, poich' il core,
Non aspro, e duro, ma soaue, e molle

Forma,

Forma, e poßono i vezzi, e le lusinghe
Sottoporre a l'aratra, e al giogo i Tori,
I Leoni addolcir, domar le Tigri.
Tal co'l suo corso placido, e soaue
Rende fecondi i campi Egitti il Nilo;
Tal co'l suo corso rapido, e superbo
Diserta i campi il furioso Anaßo.

EMBLEMA IX.

L'abbondanza delle cose necessarie al viuere, produce negli animi de' popoli riueren-
za, & amore verso il Principe.

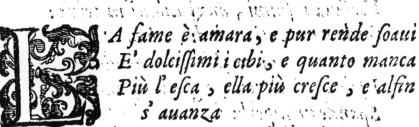

A fame è amara, e pur rende soaui
E' dolcissimi i cibi, e quanto manca
Più l'esca, ella più cresce, e alfin
s'auanza
Tanto, ch' ella diuiene horribil male.

Più

Più de là peste pestilente, e fiero:
E ne' sudditi afflitti al' hor diuenta
Verso il Principe incauto, e negligente,
Spregio la riuerenza, odio l'amore.
Ma s'ei prudente i popoli souuiene,
Qual Nume è riuerito. Così vide
Il famelico Egitto il grande Hebreo,
Cinto di gloria; Così a Tritolemo
La Sicilia sacrò gli Altari, e i Tempi:
E'l saggio Augusto hebbe diuini honori.
E così io vidi a spauentosa strage
De la mia Patria, proueder pietosa
L'alta Città, che l'Vniuerso honora.
Gli austri infelici nubilose l'ali
Mouean, spirando sol fiati nocenti,
E de l'aria serena i campi azurri
Spargean di nubi tenebrose, e impure,
C'hor da venti agitate, hor da gl'interni
Fochi commosse, e lacerate il seno,
Frà tuoni horrendi, e minacciosi lampi
Versauan fiumi, anzi diluui in terra:
Onde i torrenti torbidi, e sonanti
Co i lor rapidi corsi iuan rodendo
I più culti terreni; e gonfi i fiumi,
Spandean superbi l'acque, che stagnanti
Facean morir ne gli allagati campi

I semi

I semi infraciditi. E mentre il Sole
Le braccia luminose al Cancro ardea,
Il pouero terren l'ignudo seno,
Prius di spiche, al metitor doglioso
Mostraua, che gemendo al Ciel riuolto,
Tratta l'adunca falce; inutil peso;
Là tra i vedoui solchi, i suoi sudori,
E le vane fatiche in van piangea.
Gli arbori semiuiui hauean cangiato
I nutritiui in pestilenti humori,
E i suoi sterili rami alzando al Cielo,
Facean con fronde di pallor dipinte
Funeste esequie a i pargoletti frutti,
Morti nascendo, trà le fascie inuolti
De' fiori inariditi. E de le viti
I solitari grappoli, spogliati
De' granelli dorati, e porporini
Lieui, e ignudi cadaueri pendenti
Da i pampini pareano: Eran l'herbette
Smorte, e pallidi i fiori, e indarno l'api
Gian susurrando, per trouar le care
Lor pregiate dolcezze mattutine;
Sì che l'opra soauissima del mele
Rimaneua imperfetta. Eran le greggie
Squalide senza lena, e in fin cadenti.
Crescea la fame, e ne sorgea l'horrore

                                        De

De la morte vicina, e la speranza
Languia mancando, e sol prendea vigore,
In tanto male, vn disperato affetto.
Il cibo vnico oggetto era de gli occhi,
E sola meta al desiderio humano,
Ei raddolciua gli odi, egli placaua
Gli sdegni, & eccitaua amore, e pace;
Egli rendea la castità venale,
Fatto machina, e insidie al cor pudico;
Ei le preghiere supplici mouea;
E sol per lui nascean promesse ingiuste,
Vendite, pegni, e giuramenti vani.
S'vdian di notte sol voci dolenti
D'huomini, che chiedean, piangendo, aiuto,
E di giorno spettacolo funesto
Eran gli attenuati, ombre in aspetto,
Solo d'herbe nociue, e sol di giande
Nudriti; onde godean trà i viui a pena
Di poca vita le reliquie estreme.
Il bambino suggea di latte in vece
Da le materne, e vote poppe il vento,
E co'l capo cadente, e con le braccia
Abbandonate, hauea morte, e feretro
Nel seno de la madre, che affamata
Colma di doglia, al fin co'l figlio in braccio
Fidaua a i venti l'vltimo sospiro.

Hauean

Hauean gli huomini laffi, e moribondi
Tutto confuso, e rabbuffato il crine,
Liuido l'occhio, e in se ritratto in modo,
Che nel concauo suo parea sepolto;
Hauean la fronte squalida, e le guancie
Cinericcie, e la bocca affaticata
Da anheliti frequenti, e da sospiri;
Eran le labbra gelide, e spiranti
Sensi pietosi di rabbiosa fame.
Hauean tumido il ventre, eran le vène
Sottili, e gialle, e vacillante il piede;
E nel petto anhelante era sepolta
La voce, e mentre languidi, e tremanti
Chiedean soccorso, abbandonati a terra
Morti cadean. Già con lugubre aspetto
Parean tombe le case, e le contrade
Hauean funebre, & horrida sembianza
Di cimiteri: altra pietà non era,
Che di se steffi; l'amicitia resa
Cieca, non conoscea l'amico; il padre,
Per nudrir se medesmo, hauea in non cale
Il figlio, & egli, il filiale amore
Dimenticato, hauea la mente solo
Riuolta al suo bisogno. Eran neglette
Le leggi, il giusto non inteso, e i furti
Quasi doni permeffi. Sbigottite

D   L'af-

L' afflitte genti, di morir ficure
Sentian, penando, vna continua morte.
Spietata fame, à miferi mortali
Crudel fupplicio, e tormentofo male.
Per te la Patria mia, ch' illuftrè fplende
Per l' arme, al mondo in ogni parte nota,
E fortunata altrice, in sù le fponde
Del Mifchio, i Cigni fuoi nudrifce, e pregia,
Vn diferto faria mefto, e lugubre,
Che moueria dal fuo diftrutto feno
Tarda pietà, co' fuoi funefti horrori,
Se quella augufta man, nata a gl' Imperi
De la Donna del mar, d' Adria Regina,
C' hebbe nel fuo natal, libera, il freno
Di fe medefma, e l' haurà fin che' l Cielo
Giri ; fe quella maeftofa mano,
Ch' al mar dà legge, e trionfò de gli Vnni,
Vinfe i Galli, i Normani, i Greci, e i Traci,
E donò le corone a i Regi, e vide
L' Imperator de l' Occidente vinto,
Humile a i piè del gran Rettor de l' alme,
Perdente, indi riforta, e vincitrice,
Se fteffa, e i Stati fuoi difefe, e l' armi
De l' Europa foftenne; onde la Gloria
Con caratteri d' oro eterni hà fcritto.
VINETIA fola contra EVROPA tutta.

Se

Se quella man vittoriōʃa, e forte,
Che protegge l'Italia, e ch' à ʃuoi Regni
Concede vn'otio placido, e ʃoaue,
E armata, e inuitta hà per ʃuo fin la pace,
Clementiʃʃima ʃempre, hor con celeʃte
Conʃiglio, non porgea vital ʃoccorʃo
A la ʃua fame al ʃuo mortal biʃagno.
Principi la pietà quindi apprendete.

EMBLEMA X.

I lussi, e i costumi disordinati del Rè
sono il sepolcro della fortuna
Reale.

D'Aspro, scosceso, e solitario monte
Ne la più alpestra, e inaccessibil
cima,
Che pendea d'ogn'intorno, era salita
Capra vagante, e i piccioli virgulti,

D 3   Che

Che romiti forgean tra faffo, e faffo
Rodea; Quando dal baffo herbofo piano
Famelico Leon gli occhi a lei volfe,
E le moftrò la ricca pompa intorno
Del prato, che di folta, e fresca herbetta
Sparsa di fiori, e di cespugli adorni
Di tenerette frondi era veftito,
E con placido modo infidiofo,
I verdi paschi, l'acque criftalline,
E le delitie de l'ameno loco,
Con fedel compagnia, dolce le offerse.
Conobbe ella l'inganno, e non partendo
Dal loco, oue ficura hauea la vita,
Sprezzò i morbidi paschi, e frà le rupi
Volfe più tofto pafcer dumi, e vepri,
Che prepor le delitie a la falute.
Così l'huom faggio dè fuggir quel moto
Ch'alletta il fenfo, e dolcemente inchina
Al mal; quella Sirena ingannatrice,
Ch'addormenta nel'otio, e pofcia vccide
La virtù; quella Circe, che trasforma
Ne' moftruofi vitij i cori humani;
Deue odiar la voluttà, ch'ogn'hora
Di fe fteffa è famelica, e non mai
Si fatia, e fempre ella diffonde, e fparge
Tenebre ofcure, e la ragione accieca;

E deue

E deue con perpetua, e giusta guerra
Discacciar quel piacer, ch'è d' ogni male
Esca infelice, e mortal peste a l'alma;
Et abborrir quell'odioso bene,
Quelle dolcezze auuelenate, quella
Amarezza soaue, che qual ape
Ci porge il mele, e con l'aculeo punge.
Quel rapido torrente, che rapisce
Seco l'honor, quelle delitie al senso
False lusinghe, ch'in mentite larue
Con sembianza del ben coprono il male.
O cupidi d' honor fuggite i lussi,
Ch'arrecan sol mortiferi i contenti,
Lagrimose le gioie; essi non sono
Altro, ch' un fumo, che suanisce, e lascia
Solo il fetore; vna tempesta fiera,
Che i frutti di virtù guasta, e distrugge;
Vn Labirinto, in cui l'anime errando
Non sà, perduto, ritrouar l'vscita.
Chi satia il senso è vn' humanata belua,
E per breue piacer perde se stesso.
Principe tù, che glorioso il nome
Brami lasciar trà le memorie illustri
Odia l'otio lasciuo, e ogni tuo studio
Impiega in imitar l'alma natura,
Che co'l perpetuo oprar conserua il mondo.

Non far, che Marte addormentato giaccia
Nel delicato, & otioso seno
Di Venere; trà gli agi, e trà i piaceri
S'auuilisce il valore, e de la gloria
L'ardor s'agghiaccia, e si corrompe, e guasto
La fortezza de l'animo. Non sono
Nociui tanto a la Città, ristretta
D'assedio, l'armi, i bellici stromenti,
Le mine insidiose, e i fieri assalti;
Quanto dannosi son teneri vezzi,
E costumi corrotti, e piacer vani.
Ne le delitie la Città s'inferma,
    Languisce il Regno, e 'l Rè negletto viue.

EMBLEMA XI.

Il Principe non deue macchiare l'honore de' sudditi.

 L . concauo metallo , horrendo mo-
stro
De l'arte , e fiera machina del
foco ,
Se a lo spiraglio vna fauilla sente ,
Ecco la polue , c'hà celata in seno

Con

Con furioso incendio arde, & auuampa
Cresce la fiamma, e si dilata, e sprezza
L'odiata prigion del cauo bronzo,
Et egli emulo al Ciel, quand'è più irato.
Pria co'l lampo fiammeggia, e poi co'l tuono
Rimbomba, indi co'l fulmine ferisce,
E fà strage de gli huomini, & abbatte
Le mura, e le Città lacera, e strugge.
Così l'huomo, s'auuien, ch'ei punto sia
Ne le viscere pure, e più vitali
De l'honor dal suo Principe, s'accende
Di velenoso, e disperato sdegno,
E fà salir da l'infiammato core
Feroci spirti a campeggiar nel volto;
Et hor segni di pianto, hor di furore
Mostra negli occhi, e torbido, e pensoso
Si ferma immoto, e poi quasi agitato
Da Furie, odia il riposo, e'l piè riuolge
Vagante, e incerto, & hor caldi sospiri
Manda dal petto irato, e si lamenta,
Hor minaccia, e s'accinge a la vendetta;
E da ogn'atto trabocca il suo furore,
Che si sparge, e diffonde, e al fine auuampa,
Con tenebroso incendio, anco le menti
Degli amici, e serpendo occupa i petti
Del popolo, che nutre in sen la fiamma
De

De l'ira, e ne difcorre, e fi commoue,
E'l moto acquifta forze, e fi conuerte
In popolar, feditiofa, e aperta
Licenza, che qual fulmine tal'hora
Atterra gli alti Stati, e li riforma.
Così di giufto fdegno arfe già Roma,
Poiche trafitto il petto eburneo vide
De l'honefta Lucretia, e de la bella
Virginia, al proprio honor vittime offerte,
E generofa alta vendetta prefe
Di tanta ingiuria, & a i Tiranni tolfe
Il mal vfato Imperio; ond'ella poi
Libera, in maeftà, co'l fuo valore
Sciolta dal giogo, pofe il giogo al mondo.
L'honor, che puro, e luminofo fplende,
Oro non è, che con lufinghe fia
Da Regia mano mendicato in dono;
Lode non è, che per vil premio fia
Sparfa da lingua adulatrice al vento;
Non è quel lume di mentito honore,
Che fenza merto nafce, e muore a guifa
Di ftella in Ciel, che pellegrina fplende,
Ma tofto cade, e nel cader fuanifce:
Non è quel falfo honor, mendace figlio
Del vitio, che con arte il proprio afpetto
Cangia, e compar fotto fallaci larùe

Del

Del vero honore, e l'altrui menti inganna;
Insipide dolcezze, è auuelenate
Fatiche, che son guida a quell'altezza,
Che nel basso hà voragini profonde,
E d'ogn'intorno hà'l precipitio certo.
Ma è quel gran parto, in se medesmo augusto;
Nato da la virtù, ch'ogni alma grande
Ama più, che la vita, & è del merto
Alta mercè, premio bramato, e fine
De l'opre illustri; onde trà i beni esterni
Supera ogn'altro pretioso, e caro.
Quel bel nido odoroso, e fortunato
De la virtute, in cui trà viue fiamme
De la gloria s'accende, indi rinasce
Rediuiuo, e immortale il nome nostro:
Quel gran tesoro, senza il qual negletta
Manca la nobiltà, perdono il pregio
Le corone Reali, e l'huom viuente
Morto più, che mortale, e quasi peste
De la vita ciuile, e quasi un'ombra
D'Auerno vscita, ò pur qual mostro infame
Frà le latebre del silentio ascoso,
Guida in odio del mondo infausti i giorni:
Quella corona fiammeggiante, e pura,
Con la qual cinse Dio l'eccelsa fronte
De l'huomo, così ricca, e sì lucente,

Che

Che ne l'alma immortale arde, e lampeggia,
Quasi a par de gli angelici splendori.
Quell'honor, che riluce anco nel Cielo,
Poich'è sì caro a Dio, ch' ei per se stesso
Lo serba, e n'è vindice suo custode;
Ond'ei vuole da l'huom diuoto, e pio
Ne gli atti humani i suoi diuini honori.
E come il Sole vagheggiando illustra
Non sol de' monti l'eleuate cime,
Ma de l'humili valli il cupo seno:
Così l'honor comparte il suo bel lume
Non solo a l'alte Reggie, a i troni augusti,
E a le magion più ricche, e più superbe;
Ma tra le selue, e ne' romiti campi
Spiega i suoi raggi rutilanti, e d'oro
A le capanne, a i pastorali alberghi.
Ei nel suo trono maestoso siede,
E Signor di se stesso indipendente
Altro Imperio, che 'l suo, non riconosce;
Ma le sue leggi proprie, e i rigorosi
Riti del giusto, e del valore osserua.
Sono le sue nodrici, arme, vittorie,
Militari fatiche, il sangue sparso
Con ardire, e per gloria, e un bel candore
Di vita, e i lunghi studi, e le notturne
Vigilie, e i scritti al fin dotti, e immortali.

Son

Son le sue insegne imagini dipinte,
Publiche laudi in morte, archi, trofei,
Piramidi, Sepolcri, Vrne, Obelisci,
Statue, Epitasi, Historie, Elogi, e Carmi.
O tù, che reggi altrui, reggi il tuo affetto,
E non macchiar l'honor de' tuoi fedeli,
Fregio illustre de l'huom, fregio immortale,
Che così nel candor de' tuoi costumi
Candida haurai la pace, e nel seruare
L'honore altrui, vedrai splender nel seno
De la gloria il tuo honor chiaro, e immortale.

EMBLEMA XII.

La giuſtitia del Principe è vn Sole, ch'il-
lumina tutto il corpo del ſuo
Imperio.

L Sol, che ſempre infaticabil gira,
Luminoſo curſor, perpetuo fonte
Di luce, autor di vita, occhio del
    mondo,
Fregio, e pittor de la beltà celeſte,
Se rimira le Stelle, al ſuo bel lume

Fiam-

Fiammeggian esse, e da le lor fiammelle
A fiori d'oro è ricamato il Cielo;
E se co' viui suoi lucenti raggi
Riguarda i campi, la crescente biada
Verdeggia, e forma al fin la bionda chioma;
Che poi, da l'aure ventilata, ondeggia,
E sembra vn picciol mar d'ambra coperto;
E s'ei vagheggia i prati, a i prati dona
L'herbe, & a l'herbe i fior vari, e dipinti;
Et a i fior l'odore; e s'ei riuolge
Sua virtù luminosa a i monti alpestri,
Ne' lor più cupi, e tenebrosi seni
Fà risplender le gemme, e l'auree zolle;
E se penetra il mar, fà, che le conche
Co'l bel candor di pretiose perle
Rendon l'onde Eritree ricche, e felici.
Tal la Giustitia è vn ben, ch'a l'Vniuerso
Communica se stesso; e in lui diffuso
Nel mondo egli è armonia, pace nel Regno,
Prouidenza nel Re, lance, e misura
Ne la Città, ch'i diseguali adegua.   (me
E se ne l'alme ei splende, egli è vn gran lu-
D'alto saper, che può bear gl'Imperi.
Tien la Giustitia nel bel Regno illustre
De le virtuti il glorioso scettro,
E dona il premio al merto, e dà le pene

Al.

Al fallo, & hà la verità per guida,
Per miniſtra la legge, e per cuſtode
Jl Principe, che giuſto in lei conſerua
La ſua gloria, e ne' popoli nudriſce
La fede, i ſtudi, le ricchezze, e l'arti.
Vane brame d'honor, titoli infauſti
D' African, d'Aſiatico, e di Magno,
Che nati frà le ſtragi, e frà gl'incendi,
Quaſi parti di morte, e ſol nodriti
Di lagrime, e di ſangue, ebri di gloria
Ne le miſerie altrui, ne gl'infortuni
De' vinti, ſono al fine ombre ſuanenti,
Lugubri, e infeſte a le memorie humane.
Santo deſio d'honor, gloria verace,
Pregio caro, e immortal, ricco ornamento,
E ſplendore del Principe, e l'acquiſto
Del titolo di Giuſto. Coſì honora
La Francia, e Jtalia riuerente inchina,
L' alma Real del gran Luigi il Giuſto,
E d'Adria il giuſto, e fortunato Impero.

E   EM-

EMBLEMA XIII.

Li teſori conſeruati , conſeruano la mae-
ſtà dell'Imperio , & ageuolano
l'impreſe.

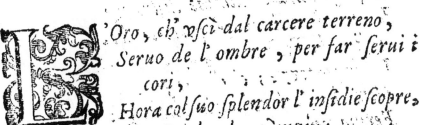

L'Oro , ch'vſcì dal carcere terreno,
Seruo de l'ombre , per far ſerui i
cori ,
Hora col ſuo ſplendor l'inſidie ſcopre,
Hora co'l prezi ſuoi la gloria auuiua.

Onde ben diſſe quel famoſo Duce,
De' Macedoni il Regno, il gran Filippo.
Chi la vittoria certa hauer deſia,
L'haſta d'argento ne le guerre adopri;
Poiche vinta ſi rende ogni fortezza,
Ancorche ben munita, ſe in lei puote
Un'aſinello entrar carico d'oro.
E' il teſoro de' Regi anima, e core,
Forza, ſplendor, e ſicurtà del Regno:
Onde s'è conſeruato, egli conſerua
In maeſtà temuta, e riuerita
La grandezza Reale. Egli mantiene
A i popoli la pace; egli ſoſtenta
La guerra, e tra i nemici anco combatte
Con forza ſpirital le menti humane;
Abbatte la ragion, vince i voleri,
Atterra la coſtanza, è vinto annoda
Il diſcorſo, e con gli aurei ſuoi legami
Stringe la fede, & infedel la rende.
E quaſi aurato fulmine diſtrugge
La virtù militar ne' petti auari.
Egli abbaſſa le mura, apre le porte
De le fortezze; ei diuertiſce l'arme
Nemiche, e la vittoria altrùi già certa
Ferma nel corſo: ſueglia hora l'ardire,

Ho

Hor l'addormenta, e mobile, e motore
Tal' hor dà il moto a l'inteſtine guerre,
E commoue .tal' hor l'armi ſtraviere.
E s'è diffuſo in pretioſa pioggia
Di Danae in grembo a la Città nemica,
Cupida, e affaſcinata ella languendo
Per amor ſuo, trà le ſue braccia cade.
Ma ſe con mano auguſta il Re diſpenſa
L'oro trà ſuoi fedeli in mezo a l'armi
Ei concilia l'amor, deſta il valore,
I patimenti fà ſoaui, e cari,
E rende i cori generoſi, e pronti
Ad incontrar perigli, a ſparger ſangue,
A non temer la morte ; e frà i tumulti
Placa gli ſdegni, raddolciſce gli odi,
E doma i cori rigidi, e feroci.
La pietra Lidia è il paragon de l'oro,
E l'oro è il vero paragon de l'huomo,
L'vna de l'oro la finezza moſtra,
E la ſede de l'huom l'altro diſcopre.
Principe il tuo teſor, non a tuoi luſſi,
Ma ſolo al Regno, & a la gloria ſerba.

E 3   EM-

EMBLEMA XIV.

La falute della Città confifte nel-
l'ofseruanza delle
Leggi.

 Aro nodo d'amor, Legge felice,
Con cui Natura dolcemente vnifce
L'amante Pinna al fuo conforte
amato;
Pargoletta, e pacifica famiglia,

E 4   Sempre

Sempre concorde in amorosa pace,
Ch' in argentata conca hà ogn'hor commune
Patria, albergo, difesa, e preda, e cibo;
Vita, alimento, & al fin morte, e tomba.
Così viuendo l'vn, l'altra hà la vita,
E co'l morir de l'vn, l'altra sen' muore.
Beato, e soauissimo legame,
Che con santa vnion congiunge insieme
Città tranquilla, e riuerita legge;
Poiche felice la Città sen' viue,
Mentre fiorisce in lei viua la legge,
Et infelice la Città sen' muore,
Mentre negletta in lei manca la legge.
Hebbe la legge il suo principio eterno
Ne la mente diuina, e in terra accolta,
Come dono celeste, è vn' ornamento
Del mondo, vn lucidissimo splendore
De la prudenza, vn poderoso laccio,
Ch' insieme annoda il gran commercio humano,
Spirto de le Città, regola, e norma
De gli atti de' mortai, maestra, e duce
De l'intelletto, e de le voglie ingiuste |
Moderatrice, alma, e latente forza
De la natura, vigile custode
De' buoni, e sol de' rei sferza, e flagello,
Fonte de l'equità, madre del giusto,

Ne-

Nodrice de la pace; ella del vitio
Nemica eterna, dolcemente accoglie
La virtù nel suo grembo, e ogn'hor tacendo
Comanda, e senza affetto ella odia, & ama,
Premia, e punisce, e sempre retta regge.
Onde quella Città, ch'irriuerente
Sprezza la legge, al fin di se medesma
Preda, eccidio, e sepolcro, estinta giace;
Cadauero infelice, e de' suoi mali
Memoria funestissima, e dolente.

EMBLEMA XV.

Il Principe crudele, con la morte de'
Vaſſalli ſoſpetti, accreſce il
numero de' nemiçi.

 Ncauto àgricoltor, c' hàuea troncata
Nobiliſſima pianta, perche ſolo
Temea de l'ombra ſua, già volto
l'anno
Tornando a lei, con marauiglia vide

                                      Da

Da le robuste sue radici sorti
Molti germogli, che di fronde adorni
Contendeuan co i venti; quando a lui
Il rampollo maggior riuolto disse.
Cader facesti arbore eccelso, e degno,
Che con gli estesi rami, e con la cima
Occupò l' aria, e gareggiò co i monti,
E solo humile a te, ti rese i frutti.
Ei giacque arido tronco, e del tuo ferro
Misero auanzo, a cui reciso, e priuo
De le frondose chiome, gli augelletti,
C' hebbero in lui sicura stanza, e intatti
I nidi fanno con dogliose metro
L'esequie, e piangon con funereo canto
Ne le rouine sue l'esilio loro.
E l'aura mesta, a lui vagando intorno,
Con flebile susurro, al Ciel racconta
Ne la morte di lui l'opra funesta
De la tua man, più fiera assai del ferro.
Ma che ti gioua? poich'in van credesti
Questa contrada impouerir, tagliando
Pianta così gentile, e l'ombra sua
Leuare a i campi, & arricchir la messe.
S'hora al verde suo piè, reliquie viue
Del tronco estinto, noi risorti miri
Giouanetti rampolli, e figli suoi,

E ch

E ci vedrai con ombra aſſai maggiore
Spiegare i rami, e ſuentolar le fronde.
Il Principe crudèl non troua pace
Con la morte dè ſudditi, nè quali
Con la fortuna la virtù fioriſce,
Ma pullular fà gli odi, e le congiure.

EM.

EMBLEMA XVI.

Non è cosa, che renda più glorioso
il Principe, che l'osseruanza
della Fede.

LA Fede è vn nodo, che congiunge, e
vnisce
Il mondo, & vn legame aureo, ch'
allaccia
L'alme, e stringe i voleri; ella è vn tesoro
De gli animi gentili, vna corona

A i

A i mortali d' honor, tromba di lode,
Quand' è pegno d' amor, non di mercede;
De l' amicitia è genitrice illustre,
E de la verità figlia più cara,
Spirto, che l' opre de' mortali auuiua,
Lingua vera del cor candido, e puro;
Ma nel petto Real, quasi suo trono,
Quasi in suo Ciel grande, e latente Nume,
Opra altamente, onde alta gloria acquista.
E come l' Armellino il suo candore
Solo per non bruttar la morte elegge;
Cosi vuol l' huomo valoroso, e giusto
Morir più tosto, che macchiar la fede,
Senza la qual la pace è insidiata.
L' amicitia tradita, il vincitore
Perdente, e la fortezza, accompagnata
Da biasmo eterno, la vittoria infausta,
E la palma funesta; e senza lei
Cieca diuiene a lo splendor de l' oro
La Giustitia corrotta; e sono misti
I veleni, e turbato, & infelice
Rendon l' human commercio insidie, furti,
Querele, liti, tradimenti, e guerre;
Onde non lascian le Città cadute
Memoria, altra di sè, che le ruine
Nè gl' Imperi di viuo altro, che 'l nome.

Non

Non viue maggior ben ne' petti humani
Di quella Fè, che trà i crescenti mali
In cadente fortuna inuigorisce.
E qual candida strada in Ciel, fregiata
Di stelle minutissime, si scopre
Trà l'ombre oscure più lucente, e bella;
Tal la serbata Fè, ch'in nobil alma
Splende, più chiara appar, più luminosa
Ne gli auuersi accidenti, e ne' perigli.
Non è core sì fiéro, alma sì cruda,
Che co'l seruar la Fè, lode non merchi,
Poich'ella, quasi biancheggiante neue,
Che con falde purissime abbellisce
L'horride valli, e le scoscese rupi,
Orna gli animi fieri, e i lor feroci
Moti copre, & ammanta, e in bianco aspetto
D'innocenza lodata, altrui li mostra.
Serban la Fè tutte le cose nate
Dal gran poter de la miglior Natura.
L'Alba promette il Sole, & ecco il Sole,
Cinto di raggi in Oriente appare;
Languisce il verno, e nel mancar promette
Noua stagion tutta fiorita, e bella;
Et ecco Primauera esce ridente,
E'l mondo lieto, e innamorato infiora.
Promette il fonte l'acque, il fiore il frutto,

F   Et

Et il seme la biada: & ecco l'onde
Sorger, cadere il fior, nascere il frutto,
Et apparer ricchi di biade i solchi.
Ma che più? Dio con immutabil fede
Se stesso obligar volse. E tù, che sei
Sua viua imago, riuerita in terra,
Principe inuitto, fa, ch'in sù l'altare
Del tuo cor, la tua Fede il mondo honori.

EMBLEMA XVII.

L' adulatione infetta l' animo, e corrompe la
mente de' Principi; onde ne fegue tal-
hora la ruina de' Regni .

L'Ape, ch' ai fior, co' fufurranti baci
Fura i pregi più cari, induftre forma
I dolciffimi faui ; e fe del mele
E' maeftra ingegnofa, anco il veleno
Hà ne l' aculeo, e raddolcifce, e punge.

F 2   Così

Così l'adulator, che dolce instilla
Ne l'orecchie del Principe le lodi,
Susurrando il trafigge; ond'ei temere
Più deue assai l'adulatrice lingua,
Che del nemico le minaccie, e l'armi.
Poiche l'adulatione è un velenoso
Diletto, un dolce, e soporoso inganno,
Rete de l'alme, fabra di menzogne,
Velo de gli occhi interni, esca fallace,
E dannose lusinghe; ella è del falso
Artefice sagace, ed è pittrice
Di finti merti, e di mentite lodi.
Lusinghiera, e domestica Sirena,
Che co'l canto mortifero di laude
Il Principe addormenta, e in esso uccide:
La virtute, il valore, e la fortuna,
Ella, di furto, del suo nobil manto
Spoglia la verità, poi se ne veste,
E con maniere insidiose, e finte
Ne la Corte Real, pomposa, appare,
E fà, che seco con mentite larue
In sembianza di merto appar la colpa,
In nobil forma di virtute il vitio,
Co i ricchi panni de l'honore il biasmo,
E in aspetto d'amor l'odio mortale.
Poi dolcemente a l'alma sitibonda.

Di

Di vano honor, d'immeritata gloria,
Fà beuere il veleno in vaso d'oro,
Come la superficie non si moue
Mai per se stessa, ma co'l corpo solo.
Così l'adulator mai non si moue
Co'l suo parer, ma con l'affetto altrui
Ciò, che li spiace esalta, e danna quello,
Che più li piace; egli consente, e nega,
E biasma, e loda, come ad altri pare;
Egli è vn' Eco, che piange a l'altrui pianto,
E ride a l'altrui riso, e sol ridice
L'altrui liete parole, e le dogliose.
Sempre hà diuerso dal volere il volto,
Da i detti l'opre, e da la lingua il core.
Quasi Elitropio; herba del Sole amica,
Ch'a lui sempre si volge, e co'l suo moto
S'aggira, e ne la notte asconde i fiori:
Si gira anc' ei sol co i voleri; e solo
Co i piaceri d'altrui; ma le sue voglie
Cela trà l'ombre de gl'inganni suoi.
Ei nel lodar, ne' vezzi, e ne' costumi
Hà vn' apparenza nobile, e gentile,
Opra finta da l'arte. E come a l'occhio
La pittura diletta, e non arreca
A riguardanti giouamento alcuno;
Così ei ne gli atti suoi piace, e non gioua.

Prin-

Principe, tù, ch'a vera gloria aspiri,
Chiudi l'orecchie a le lusinghe vane,
Ed a le lodi adulatrici, come
Già fece il saggio, & eloquente Greco
De le Sirene al canto: poich'a guisa
De i cani d'Ateon, l'adulatore
Lacera il suo Signor. L'infausto Corbo
Satia l'avida fame, e 'l cibo prende
Da i corpi estinti, e da i viventi fugge;
Ma questi i morti lacera, & i vivi
Con dolci morsi consumando strugge.
Egli ama in te sol la Rèal fortuna,
Odia le tue virtù, brama in te solo
L'ingegno incauto, e rintuzzato, e 'l lume
De la ragione incerto; ond' egli possa
Reggere il tuo voler co'l freno audace
Di sue cupide brame, e indi poi trarre
Da l'offese favor, dal male il bene.
Ma se contrario a te, turbato il Cielo
Si mostra, ei non ti segue, e la fortuna
Tua cadente abbandona, e si ritira.
Così il Delfino il nuotator ne l'onde
Placido segue, e l'abbandona al lito.

EMBLEMA XVIII.

L'ingratitudine è vna infettione della
mente Reale.

 Nutil tempo speso, opra perduta,
E fatica otiosa è di colui,
Che nel lido del mare, oue hanno il
letto,
Senza riposo, trauagliate l'onde,
Cerca d'empire il pertugiato vaso,

F 4   Che

Che quante acque nel grembo auido accoglie
Tante, ingrato, dal sen versa, e diffonde.
Sfortunati sudori, opre neglette,
  Industrie vane, e infruttuosi studi
Son di colui, che i benefici getta,
  Quasi in cupa voragine, in vn core
Ingrato, ch'auidissimo gli accoglie,
  E per li fori de l'oblio gli sparge.
Nacque nel Cielo, e fù dal Ciel bandita,
  E come primo error, prima il castigo
Hebbe l'ingratitudine al'hor, quando
  Il bell' Angel celeste vn'infernale
Mostro diuenne, e sparse trà mortali
  Con pestifera man l'infetto seme,
Che germogliò nei cor più bassi, e vili:
  Onde l'alma Natura, che produce
Triboli, Vepri, Orsi, Leoni, e Tigri,
  Vipere, Basilischi, Idre, e Ceraste,
Folgari in aria, e in mare orche, e tempeste,
  Non hà parto peggior dell'huomo ingrato.
Poich'egli fiero più d'ogn'altra fera
  Lacerando le gratie, le diuora,
Et è a guisa di Lince, che si scorda
  Il cibo, che gli è innanzi, perche oblia
Smemorato il fauor, ch'ei chiese, ò pure
  Il nega, ò biasma, ò impiccolisce almeno.

El de l'huomo cortese arpia vorace
Porge la mano al dono, e'l core al danno,
Amico al dono, al donator nemico.
E così l'amicitia egli auuelena,
E tradisce l'amore, e al fin distrugge
Con la sua pace anco la pace altrui,
Fatto noioso al mondo, e in odio al Cielo.
Infelice è quel cor, ch'ama l'ingrato,
Poiche semina il ben, per coglier male,
Quasi in terren deserto, vue nascenti
Ei vede sol lappole, stecchi, e spine,
Mentre le gratie à lui pronto concede,
Che le gode con odio, e le conuerte.
Ne la sua velenosa empia natura.
Così del Cielo i maritali influssi,
De' rai del Sole la virtù feconda,
E de la pioggia i nutritiui humori
L'Aconito letal riceue, e poscia
Il riceuuto ben cangia in veleno.
Ma quanto son le tenebre d'Auerno
Più senza fin caliginose, e impure
De l'ombre de la notte, ancor che tinte
Di caligine densa, ancor che figlie
Horride de la terra, tanto è questo
Vitio infernal piu tenebroso, e tetro
De l'ombre istesse del profondo Abisso.

S'auuien, ch' alma Real macchi, *el* infetti,
Poiche lo splendor Regio adombra, e toglie
Al Rè l'honore, e le speranze al Regno.
Principe tù, ch' a vera gloria aspiri,
Deh l'alta mente libera conserua
Da questa infame, e scelerata lue.
Sono gli archi, e i trofei memorie eccelse
Del vincitor, ma segni anco funesti
De là strage de' vinti; Illustre, è vera
Vittoria in pace è mai non esser vinto
Nel concedere altrui gratie, e fauori.
Doni dunque più il cor, che dia la mano,
E chi dal merto accompagnato viene
Supplice a te, da te contento ei parta.
Ma dispensa il tuo proprio, e non l'altrui;
Quegli grato non è, ch' in don funesto
Le popolari spoglie altrui concede;
Ma lodato è quel Principe, che nutre
La virtù co' suoi doni, e porge sempre
Con misura le gratie; ond' ei felice
Vn tesoro Real, donando, acquista,
Che ne' scrigni de' petti a lui deuoti
In moneta d' amor conserua il mondo.
Così il suo Regno è vn giardin vago, e adorno;
In cui fioriscon gli eleuati ingegni,
E sopra i tronchi di fatiche industri

S'inc-

S' inestan l' arti, e gli honorati studi,
Verdeggian le speranze, e rilucenti
Han gli arbori del merto i frutti d'oro.
Ond' il suo nome ne gli eterni annali
Da l' aurea man de la verace Fama
In caratteri d'oro impresso viue.

E M.

EMBLEMA XIX.

Le contributioni de' popoli deono essere
moderate.

 N vgual sito, in fertile terreno
Eran due horti, da rosai vermigli
Cinti, e con pari industria semi-
nati
In vn tempo medesmo, ma de l'vno
L' hor-

L'hortolano troppo auido hauea tratto
L'herbe non pur, mà le radici insieme;
Sì che spogliato d'herbe, arido, e priuo
D'ogni pompa, facea mostra infelice
Del seno ignudo, impouerito, e vile.
Ma l'altro, in cui da mano amica, e parca
Erano l'herbe leggiermente colte
In sù 'l mattino, ò nel cader del Sole,
Scopria le sue delitie, hor nel Finocchio,
Ch'a laute mense i tenerelli gambi
Porge, & a gli occhi la salute arreca,
E tal'hor leua a tortuosa serpe
L'antica spoglia; hor ne' spinacci, c'hanno
Trà verdi fronde, di smeraldo i fiori,
Ridean trà quella herbosa ampia famiglia
La Saluia, la Borragine, l'Aneto,
L'Apio, che cinse il crin de' vincitori
Già ne' giochi Nemei, sacri ad Alcide;
E la Cicorea, i cui bei fior dipinti
Con gli azurri del Ciel, quasi che amanti
Del Sol, vagheggian sue bellezze eterne,
Sempre a lui volti, e dal suo moto han moto,
Sorgea lieta la Menta, che già visse
Ninfa leggiadra, e de' begli occhi il Sole
Sparse là ne le tenebre d'Auerno,
E in quel Regno de' gli odi, e de' tormenti,

Amor

Amor produsse, e l' amorose gioie
Fece gustare a Pluto ; onde gelosa
Proserpina cangiar fece la bella
Menta infelice in odorata Menta.
Onde quell' horto in vn fecondo, e vago
Il suo cultor rendea ricco, e felice.
Così il Principe giusto con soaue
Mano accoglie i tributi, & a se stesso
I popoli conserua, e non isuelle
Da le radici le sostanze loro.
Li tesori del Re son le ricchezze
De' suoi fedeli, e' l lor diuoto affetto
E' l' erario Real, che mai non scema.

E M·

EMBLEMA XX.

Il silentio è vna sicurissima scorta, per
condurre a buon fine gli
affari.

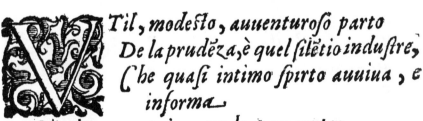

Til, modesto, auuenturoso parto
De la prudēza, è quel silētio industre,
Che quasi intimo spirto auuiua, e
informa
Gli altri maneggi, e ne la pace nutre

Con

Con vitale, e dolcissimo alimento
L'alme, e gli studi; e se tal' hor di Marte
Fauorisce l'imprese, orna souente
Le vittorie di spoglie, e di trofei.
D'interna pace ei simolacro illustre
Fregio è de la virtù, mastro de l'alme,
Medicina de' mali, e di patienza
Geroglifico arguto. Egli innocente
Mentitore, nel vitio acquista lode,
Mentre co'l suo tacer lo copre, e cela,
Quasi maschera sua, poiche tacendo,
Puro sembra colui, c'hà l'alma impura.
E a lo spirto eleuato, che contempla
I misteri celesti è scala al Cielo.
Moderator de' più commossi affetti
Ei raffrena la lingua, e doue è biasmo
Il fauellar, co'l suo tacer s'adorna
Di vera laude; onde non mai s'oppone
L'ombra del pentimento al suo bel lume.
Ei scudo è ne' perigli; e la Natura,
Tacita anc'ella, a' taciturni insegna
Fuggire i rischi. Così il Termodonte
Lascia tal' hora esercito volante
Di Grue loquaci, che passando i gioghi
Del Tauro, e iui temendo d'esser preda
De l'Aquile rapaci, hanno sicuro

Frà

Frà alpestri solitudini il viaggio,
Mentre nel volo lor notturno, e queto
Portan mute nel rostro un picciol sasso.

IL FINE.

IN VENETIA, MDCXXXII.

Nella Stamperia del Sarzina.

CPSIA information can be obtained
at www.ICGtesting.com
Printed in the USA
BVHW04*1112160818
524721BV00017B/2105/P